# Barcelona Städtetour

## Kurztrip mit Kindern

"Trudele durch die Welt.

Sie ist so schön, gib dich ihr hin,

und sie wird sich dir geben."

*Kurt Tucholsky*

# Barcelona Städtetour

## Kurztrip mit Kindern

Autorin: Kath Sternberg-Rivoire

Bibliografische Information der Deutschen Nationalbibliothek: Die
Deutsche Nationalbibliothek verzeichnet diese Publikation in der
Deutschen Nationalbibliografie; detaillierte bibliografische Daten
sind im Internet über dnb.dnb.de abrufbar.

Herstellung und Verlag:
BoD – Books on Demand, Norderstedt

ISBN: 978-3-7557-9462-2

# Vorwort

Der Süden Europas gehörte früher nicht zu meinen favorisierten Urlaubszielen. Ich bevorzugte den Norden Europas. Beruflich war ich sehr oft in Spanien und Frankreich unterwegs; allerdings nie in Barcelona. Privat reiste ich erst in den Süden, nachdem ich meinen Mann, einen Franzosen, kennenlernte. Daher war auch Barcelona bis vor ein paar Jahren absolutes Neuland für mich.

Wir unternehmen gerne Städtereisen als Kurztrips. Unsere Mädels sind das Reisen aufgrund unserer familiären Umstände von klein auf an gewohnt und sie freuen sich immer auf neue Reiseziele. Wir beziehen die Kinder in die Planungen mit ein, indem wir Reiseführer und Bildbände kaufen oder uns schenken lassen. Dann schauen sie diese an und markieren anhand der Bilder und Beschreibungen, was sie sich in den Städten gerne ansehen möchten. So haben wir es auch vor unserem ersten Aufenthalt in Barcelona gehandhabt. Sie waren nach dem ersten Trip so begeistert von der Stadt, dass alle weiteren Reisen auf sofortige Zustimmung stießen.

Unser Fazit nach mehreren Aufenthalten lautet daher: diese Stadt ist eine Reise wert und wir waren nicht das letzte Mal dort.

Ich wünsche viel Freude beim Lesen.

Kath Sternberg-Rivoire

# Inhaltsübersicht

# Einleitung - Reiseplanung

Wir kombinieren einen Aufenthalt in Barcelona immer mit einer Reise nach Südfrankreich, um die Familie meines Mannes zu sehen. Wobei, eigentlich ist es anders herum. Wenn das Besuchen der Familie meines Mannes außerhalb der Sommerzeit angesagt ist, verbinden wir die Reise mit einer Kurzvisite in Barcelona. Das ist meistens zum Ende des Jahres der Fall. Wir verbringen Weihnachten alle drei Jahre in Südfrankreich und den Jahreswechsel dann in Barcelona.

Da wir im Norden Deutschlands wohnen, dauert eine Anreise mit dem Auto sehr viele Stunden. Im Vergleich zur Anreise mit dem Flugzeug ist es trotz einer notwendigen Zwischenübernachtung die deutlich preiswertere Variante. Wir persönlich fahren aber ungern mit den Kindern tagelang Auto. Derzeit gibt es leider keine guten Zugverbindungen von Norddeutschland nach Barcelona. Die Reise dauert mindestens 24 Stunden und beinhaltet je nach Verbindung drei- bis fünfmaliges Umsteigen. Diese Option haben wir noch nicht getestet. Wir warten sehnsüchtig auf eine Nachtzugverbindung.

Wir fliegen in den Süden. Auch Flugreisen ziehen sich gerne in die Länge. Die Anreisezeit reduzieren wir, indem wir Direktflüge von unserem Wohnort in den Zielort wählen. Daher fliegen wir direkt von Hamburg nach Barcelona. Das ist für uns die schnellste Anreisemöglichkeit, um zur Familie in Frankreich zu gelangen, da es keine Direktflüge von Hamburg in südfranzösische Städte gibt. Der Flug von Hamburg nach Barcelona dauert zweieinhalb Stunden. Von dort aus geht es für uns mit dem Mietwagen weiter nach Frankreich. Und weil wir dann für den Rückflug wieder nach Barcelona fahren, verbringen wir vor dem Abflug ein paar Tage in dieser schönen Stadt.

Die Direktflüge von beispielsweise Berlin und Frankfurt nach Barcelona sind preisgünstiger als von Hamburg. Hier lohnt ein Vergleich. Für uns persönlich würden mehrere Stunden der Anreise zu diesen Abflugorten hinzukommen, was die Gesamtreisezeit somit verlängert und den zeitlichen Vorteil einer Flugreise gegenüber der Autofahrt fast wieder neutralisiert. Es könnte aber für den ein oder anderen eine Alternative sein. Im Sommerflugplan der Fluggesellschaften werden manchmal zusätzliche Flugverbindungen nach Barcelona aufgenommen. Die Angebote sind sehr dynamisch; sowohl bezüglich Preise als auch Destinationen, so dass es ratsam ist, jährlich neu zu schauen, welche Flugverbindungen bestehen. Außerdem besteht die Möglichkeit über verschiedene Reiseanbieter Paketreisen nach Barcelona zu buchen, die sowohl Flug als auch Hotelübernachtungen beinhalten.

Barcelona ist als Reiseziel äußerst beliebt. In der Stadt tummeln sich viele Touristen aus der ganzen Welt. Ein Sprachenwirrwarr durchzieht die Straßen und Restaurants. Über das gesamte Stadtgebiet sind Hotels und Pensionen verteilt. Auch die Auswahl an Ferienwohnungen und Apartmenthotels ist riesengroß. Eine Empfehlung auszusprechen ist schier unmöglich, da jeder andere Anforderungen und Bedürfnisse an eine Unterkunft hat. Von low budget bis exklusiv kann in der Stadt genächtigt werden. Wir persönlich bevorzugen kleinere Hotels, die sehr zentral gelegen sind, so dass wir Sehenswürdigkeiten und Restaurants zu Fuß erreichen können. Auch achten wir darauf, dass Familienzimmer existieren, um nicht auf zwei Doppelzimmer aufgeteilt sein zu müssen. Außerdem liebt meine Familie, insbesondere unsere ältere Tochter, Hotelfrühstücks. Daher wählen wir, wenn wir mit den Kindern verreisen, Hotels, die Frühstück anbieten.

Unser bisheriger Favorit ist das Hotel Gaudi in der Altstadt. Es liegt gegenüber von Palau Güell, einem neo-gotischen Palast, welches zu den bedeutendsten Arbeiten des Architekten Antoni Gaudi zählt. Das Hotel, in einer Seitenstraße der Rambla und nur 200 Meter von der Plaça Reial entfernt gelegen, ist ein Drei-Sterne-Hotel mit einem kleinen Pool auf dem Dach, einer Dachterrasse, einem Fitnessraum und Familienzimmern. Frühstück kontinentaler Art kann hinzugebucht werden. Die meisten Zimmer verfügen über einen Balkon. Die Rezeption ist rund um die Uhr mit sehr hilfsbereitem Personal besetzt. Wir fühlten uns dort sehr wohl und würden beim nächsten Aufenthalt wieder dort wohnen. Das Familienzimmer ist sehr großzügig. Es gibt einen Schlafraum mit großem Doppelbett. Im Wohnzimmer stehen zwei Sofas, die zu Betten umgebaut werden können. Das Badezimmer ist ebenfalls recht groß und hat neben einer Dusche, zwei Waschbecken auch eine Badewanne. Das Hotel befindet sich, wie bereits erwähnt, in zentraler Lage und ist sehr beliebt. Ein gewisser Geräuschpegel muss daher eingeplant werden. Wir waren allerdings sehr positiv überrascht, wie ruhig es dann doch nachts war; zum Einen bezüglich Stadtgeräusche und zum Anderen hinsichtlich potentiellen Lärms aus Nachbarzimmern. Immerhin haben wir den Jahreswechsel dort verbracht. Das haben wir in Südeuropa schon ganz anders erlebt.

Reisen wir ohne Kinder, verzichten wir auf das Frühstück im Hotel, um verschiedene Lokalitäten in der Stadt auszuprobieren und unterschiedliche Gerichte zu testen. Barcelona bietet in allen zentralen Stadtteilen eine Fülle an Frühstückscafés. Bei einem Spaziergang in der Umgebung passiert man automatisch Cafés und Bars. Kleine, große, chice, einfache, luxuriöse, billige, teure - für jeden Geschmack sollte es dabei sein.

Wer auf Selbstversorgung setzt, kann in den City-Supermärkten einkaufen, die von montags bis samstags meistens von 8.30 bis 21 Uhr geöffnet haben. Außerdem gibt es mehrere Märkte und Markthallen, die montags bis samstags frische Waren anbieten.

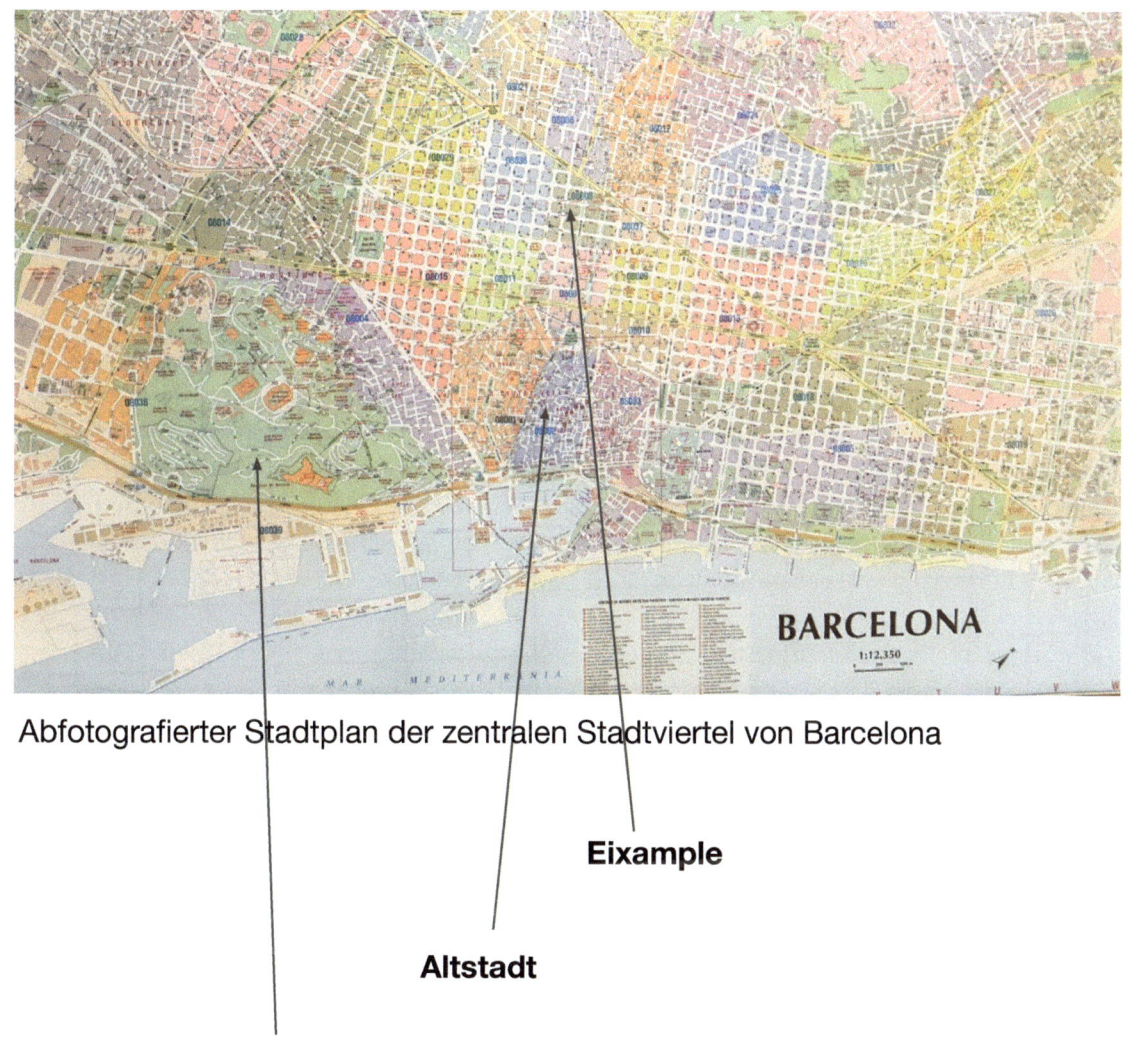

Abfotografierter Stadtplan der zentralen Stadtviertel von Barcelona

**Eixample**

**Altstadt**

**Berg Montjuïc**

# Tag 1 - Anreise & Busrundfahrt

Die Reise beginnt vormittags mit dem Flug von Hamburg nach Barcelona. Mittags angekommen, geht es mit dem Taxi ins Zentrum zum Hotel. Die Fahrt dauert je nach Verkehrsaufkommen zwischen 15 und 30 Minuten. Normalerweise kann erst am Nachmittag im Hotel eingecheckt werden, aber oftmals ist das Zimmer bereits frei und vorbereitet, so dass es bezogen werden kann. Ist das nicht der Fall, besteht die Möglichkeit das Gepäck im Hotel abzustellen. Dem Erkunden der Stadt steht nun nichts mehr im Wege.

Wir beginnen mit einem ersten Mittagessen, selbstverständlich Tapas, damit wir im Anschluss gut gesättigt die Stadt erkunden können. Ein Lokal ist schnell gefunden. Unser Hotel befindet sich in einer Seitenstraße der La Rambla. Die Rambla ist über einen Kilometer lang. Mittig der doppelspurigen Straße führt ein breiter Flanierweg an zahlreichen Ständen vorbei, die Essen und Touristisches anbieten. An der Rambla selbst und in den vielen kleinen Seitenstraßen sind zahlreiche Cafés, Tapas Bars und Restaurants zu finden. Am ersten Tag suchen wir nicht lange herum, sondern gehen nur ein paar Schritte die Straße vom Hotel entlang und essen Tapas im Güell Tapas Restaurant.

Barcelona ist die zweitgrößte Stadt Spaniens und sehr dicht besiedelt. Laut MasterCard Global Destination Cities Index gehört Barcelona mit jährlich rund sieben Millionen Touristen zu den drei meistbesuchten Städten Europas. Sehenswertes ist über den gesamten Stadtbereich verteilt. Viele bekannte Sehenswürdigkeiten liegen zentral und werden von uns in den Folgetagen fußläufig näher erkundet. Am ersten Tag unternehmen wir eine Busrundfahrt, auf der per Audioguide viel Wissenswertes erzählt wird.

Wir nehmen einen der roten Hop On Hop Off Busse. Am nördlichen Ende der Rambla ist eine Haltestelle. In Barcelona bietet dieser Anbieter, City Tour Barcelona, mittlerweile zwei Routen an, die derzeit ganzjährig befahren werden. In der Vergangenheit gab es eine sogenannte Sommerroute und eine Winterroute. Nun sind beide Routen, die eine deckt den westlichen Stadtteil ab und die andere den östlichen, ganzjährig verfügbar, so dass der Kauf eines 48 Stunden Ticket lohnt. Alternativ gibt es ein 24 Stunden Ticket. Die Touren beginnen morgens um 9 Uhr und enden am Abend um 19 Uhr. Es ist empfehlenswert, das Ticket vorab online zu kaufen. Die Gültigkeit der 24 bzw. 48 Stunden beginnt, sobald der Bus das erste Mal genutzt wird. Somit ist das Ticket für Fahrten am Folgetag und auch am Vormittag des 3. Tages nutzbar, was den Vorteil hat, da keine zusätzlichen Tickets für den öffentlichen Nahverkehrs in dieser Zeit gekauft werden müssen. Dieser ist zwar sehr gut ausgebaut und auch vergleichsweise günstig, aber die Touristenbusvariante bietet schöne Routen und parallel Informationen zur Geschichte, Architektur und zur Stadt generell.

Am ersten Tag entscheiden wir uns für die Westroute oder auch Route Orange genannt. Die Rundfahrt dauert insgesamt, ohne zwischendurch auszusteigen, je nach Verkehrsaufkommen zwischen zwei und zweieinhalb Stunden. Die Rundfahrt führt weg vom Zentrum, zunächst in öst- südöstliche Richtung und dann hinauf auf den Berg Montjuïc.

Da wir am nächsten Tag den Vormittag auf dem Berg verbringen werden, steigen wir nicht aus, sondern fahren noch ein Stück weiter bis zum Haltepunkt Nummer 11, Pavelló Mies van der Rohe. Es ist die Rekonstruktion eines Pavillons, welcher zur Weltausstellung 1929 im Bauhaus Stil erbaut wurde. Der sogenannte Barcelona-Pavillon vom Architekten Ludwig Mies van der Rohe (1886-1969) wurde im Jahre 1929 als Deutscher Pavillon im Zuge der Weltausstellung erbaut und sollte der Selbstdarstellung der Weimarer Republik dienen. Nach der Weltausstellung wurde der Pavillon abgerissen. Jahrzehnte später erfolgte ein Wiederaufbau an gleicher Stelle nach den Originalplänen des Architekten. Die Eröffnung fand 1986 zum Hundertsten Geburtstag von Ludwig Mies van der Rohe statt. Heutzutage wird der Pavillon für wechselnde Ausstellungen sowie Architekturvorträge genutzt.

Die Kinder sind an diesem Gebäude eher weniger interessiert. Deutlich spannender finden sie, was sie in ca. 100 m Entfernung erblicken können, nämlich einen großen Springbrunnen. Die Font Màgica am Plaça de les Cascades mit dem Palast Nacional de Montjuïc, welches ein Kunstmuseum ist, im Hintergrund sieht einfach sehr imposant aus. Der Springbrunnen ist bekannt für seine Licht- und Wasserspiele. Er ist ein wiederkehrendes Motiv auf Barcelona Postkarten und in Reiseführern über Spanien und Barcelona. Auch wir fotografieren den Springbrunnen, den Palast und nordwärts in Richtung Venezianischer Türme. Der Springbrunnen wurde Anfang der 90er Jahre noch einmal restauriert. 1992 war Barcelona Gastgeber der Olympischen Spiele. Queen Sänger Freddie Mercury performte zusammen mit Montserrat Caballés das Lied "Barcelona" am Font Màgica. Die Kinder kennen das Video dazu und erkennen den Springbrunnen sofort wieder. Am Abend, ab etwas 21 Uhr beginnen die Lichtspiele. Musik erklingt. Auch das Lied "Barcelona" wird wohl regelmäßig gespielt. Wir haben noch keinen Abend am Springbrunnen verbracht, da die Kinder meistens zu müde waren, um noch einmal zurückzukehren. Das werden wir in der Zukunft aber bestimmt einmal erleben.

Die Kinder und wir genießen das Umherlaufen in der Gegend. Im Osten des Palastes, vom Passeig de Jean Forestier, haben wir eine schöne Aussicht auf die Stadt. Von hier aus geht es weiter Richtung Plaça d'Espanya. Es kann der Bus von Stopp 11 zu Stopp 12 genommen werden. Wir entscheiden uns, die 500 m dorthin zu gehen; an den Venezianischen Türmen vorbei zum großen Kreisverkehr des Platzes Espanya. Wir gehen noch etwas weiter in nördliche Richtung zur Arenas de Barcelona. Was von außen nach Stierkampfarena aussieht (und früher auch einmal war), ist heute von innen ein Einkaufscenter. An Einkaufen sind wir nicht interessiert, aber das Gebäude ist einen Besuch wert. Wir schlendern einfach nur umher und bewundern die schöne Aussicht von den oberen Etagen. Mit Eis am Stiel und Getränkeflaschen in der Hand begeben wir uns zum Haltepunkt Nr 12, um die Route fortzusetzen.

Die Strecke führt in westliche Richtung bis zum Fußballstadion (Busstopp Nr. 14). Hier kommen Fans des FC Barcelona auf ihre Kosten, denn es ist das Stadion des FC. Ein großer Fanshop lockt zahlreiche Fans aus aller Welt an. Wir bleiben sitzen und fahren die Tour zu Ende, bis wir wieder am Ausgangspunkt angelangt sind. Der Tag war ereignisreich genug, daher beschließen wir, zum Hotel zu spazieren und nach einer kurzen Erfrischungspause nur noch in der näheren Umgebung zum Abendessen ein Lokal aufzusuchen.

Unter Palmen am Flughafen Barcelona

# Tag 2 - Montjuïc und Park Güell

Mit einem ausgiebigen Frühstück im Hotel starten wir in den Tag. Den Vormittag möchten wir auf dem Berg Montjuïc verbringen und den Nachmittag im Park Güell. So wird sowohl mein Wunsch als auch ein Besichtigungswunsch der Kinder erfüllt. Auf dem Berg Montjuïc, auf dem nicht nur die Weltausstellung 1929 stattfand sondern auch der Großteil der Olympischen Sommerspiele 1992, möchte ich insbesondere Poble Espanyol besichtigen. Die Kinder haben wiederum im Reiseführer etwas über den Park Güell gelesen und Bilder gesehen. Sie bestehen darauf, dorthin zu fahren, was wir gerne tun werden, denn die Beschreibung des Parkes klingt vielversprechend.

An dieser Stelle möchte ich darauf hinweisen, dass es wirklich sinnvoll ist, vor einem Aufenthalt in Barcelona einen Reiseführer zu lesen. Die Stadt ist groß, bietet sehr viel Sehenswertes und bei begrenzter Reisezeit, wie in unseren Fällen, hilft eine vorherige grobe Planung, um am Ende auch das gesehen zu haben, was man unbedingt sehen möchte. Wir haben den Reiseführer von DK "Barcelona & Catalonia" (Werbung, aber selbst gekauft, wie auch alles andere auf und während der Reise selbst bezahlt) genutzt. Dieser beinhaltet viele Tipps und einen sehr guten Stadtplan.

Die Fahrkarte für den Hop On Hop Off Bus ist noch gültig, aber wir entscheiden uns, nicht den Bus zu nehmen, sondern möchten die schnelle Verbindung mit dem Funicular auf den Berg nutzen. Es handelt sich hierbei um eine Standseilbahn. Die Strecke führt vom Zentrum direkt auf den Berg Montjuïc in die Nähe der Festung. Vom Hotel aus sind es 700 m zur Station Paral-lel. Von dort führt die gut 750 m lange Strecke mit dem Funicular hauptsächlich durch einen Tunnel. Es gibt keinerlei Aussicht, aber dafür dauert die Fahrt nur zwei Minuten. An der Station, die auch eine Metrostation ist, stehen Ticketautomaten. Wir kaufen ein Familienticket. Dieses lässt 8 Fahrten zu und kostet 10 Euro. Alternativ kann der Sightseeing Bus Route Orange genommen werden. Es gibt keine Haltestelle direkt an der Festung. Empfehlenswert wäre der Stopp Nr. 8. Von hier aus, dem Olympiastadion, führen Fußwege zur Festung. Eine weitere Option ist die Hafenseilbahn, die eine Luftseilbahn ist. Die Talstation befindet sich im alten Hafen im Stadtteil La Barceloneta. Die Strecke ist ca. 1,3 km lang und die Kabinen "schweben"über die Stadt den Berg hinauf.

Mit dem Funicular an der Bergstation angekommen, gehen wir direkt zur Festung "Castell de Montjuïc". Wir besichtigen nicht die Festung als solche sondern gehen um die Anlage herum. Von hier aus gibt es schöne Ausblicke auf die Stadt. Wir spazieren hinab durch viele Parkanlagen. Dieser Stadtteil ist sehr grün. Luftlinie ist es nicht weit bis Poble Espanyol, aber es geht mehr oder weniger in Serpentinen hinab.

Dabei schlendern wir am Olympiastadion vorbei, blicken auf den Palast Nacional de Montjuïc und kommen schließlich am Poble Espanyol an.

Poble Espanyol ist ein Freilichtmuseum. Der Name ist katalanisch und bedeutet Spanisches Dorf. Dieses Freilichtmuseum ist quasi ein spanisches Dorf, bestehend aus 117 Gebäuden verschiedenster Architektur aus sämtlichen Gegenden Spaniens kommend oder nachgebaut. Das Dorf wurde für die Weltausstellung 1929 errichtet. Ursprünglich war ein Abriss des Dorfes nach Beendigung der Weltausstellung geplant. Aufgrund des großen Erfolges während der Ausstellung wurde entschieden, das Dorf als Freilichtmuseum zu erhalten und ist bis heute ein Besuchermagnet. Im Dorf können nicht nur Gebäude angeschaut werden. Handwerksbetriebe stellen in traditioneller Art und Weise ihre Waren, wie z.B. Schmuck, Keramik und Instrumente, her. Unsere Kinder haben Gefallen an dem Dorf gefunden und entdecken Wandbilder und Skulpturen. Alles ist sehr touristisch auch die Gastronomie, aber wir lassen uns doch auf einem der kleinen Dorfplätze nieder und essen Tapas.

Das Dorf füllt sich ab Mittagszeit mit vielen Besuchern. Am Vormittag ist es noch nicht so überlaufen und deshalb etwas entspannter, vor allem für die Kindern, die frei herumlaufen können, ohne dass sie ihre Eltern oder die Eltern die Kinder aus den Augen verlieren.

Nach dem Mittagessen nehmen wir den Hop On Hop Off Bus und fahren von Poble Espanyol bis zur Endstation. Hier geht es direkt in die andere Linie, die Ostroute oder auch Wintergrüne Route genannt. Die Gesamtrundfahrt ohne Aussteigen zwischendurch dauert zwei Stunden. Wir steigen nach etwa zwei Drittel der Fahrt am Haltepunkt 13 aus. Die Haltestelle liegt direkt am Park Güell. Die Parkanlage wurde von Antoni Gaudi erschaffen. Der Unternehmer Eusebi Güell i Bacigalupi, Graf von Güell, hatte diesen Anfang des 20. Jahrhunderts in Auftrag gegeben. Wir flanieren den gesamten Nachmittag planlos durch die wunderschöne Anlage. Die Kinder können nicht genug bekommen. Sie entdecken viele Details an den Gebäuden, Papageien in den Palmen und duftende Blumen.

Der allergrößte Teil des Parks ist kostenfrei zugänglich. Für einen kleinen Bereich, dem wohl auch schönsten und interessantesten, wird ein Eintritt von etwa 10 Euro verlangt. Aufgrund der hohen Besucherzahlen in der Vergangenheit wurde zum Schutz dieses sensiblen Bereiches des Parks ein Eintrittsgeld eingeführt, um somit die Anzahl an Besuchern etwas einzuschränken. Auch geführte Touren werden für den Park angeboten. Wir lassen uns treiben, bewundern die zauberhafte Anlage und den Blick auf Barcelona. Mit einem der letzten Busse geht es zurück Richtung Zentrum, vorbei an Gaudi Gebäuden im Stadtteil Eixample, die wir am nächsten Tag etwas genauer anschauen wollen.

Nach einem kurzen Aufenthalt im Hotel zum Frischmachen gehen wir die 150 m hinüber zur Plaça Reial, um in einem der Lokale zu Abend zu essen. Der Platz ist erfüllt mit Lebensfreude und südeuropäischem Flair. Die Außengastronomie ist gut besucht und auch wir lassen uns nieder und genießen lokale Speisen.

Blick auf den städtischen Hafen vom Berg Montjuïc

Kirche im Dorf Poble Espanyol

Häuser und
Hauswandgestaltung
im Dorf Poble
Espanyol

Im Park Güell

# Tag 3 - Spaziergang durch Eixample mit Sagrada Familia

Heute werden wir den Stadtteil Eixample erkunden, in dem sich auch die berühmte Kirche "Sagrada Familia" befindet. Da das 48 Stunden Busticket am Vormittag noch Gültigkeit besitzt, fahren wir nach dem Frühstück direkt mit dem Hop On Hopp Off Bus Linie Wintergrün dorthin. Am Stopp Nummer 11 steigen wir aus. Die Haltestelle befindet sich direkt an der Kirche. Genau genommen ist es eine Basilika, denn sie wurde im Jahr 2010 durch den Papst geweiht und mit dem Ehrentitel versehen. Sie wurde von Antoni Gaudi entworfen und ist immer noch unvollendet, obwohl bereits im Jahre 1882 mit dem Bau begonnen wurde. Die Hoffnung war groß, dass die Fertigstellung bis 2026, zum 100. Todestag des Architekten, erreicht werden kann, aber in den vergangenen beiden Jahren hat es weiteren Verzug der Arbeiten aufgrund der Corona Pandemie gegeben. Übrigens ist Antoni Gaudi in einer der Kapellen der Basilika begraben.

Wer die Sagrada Familia von innen besichtigen möchte, sollte auf jeden Fall vorab ein e Eintrittskarte erwerben, um stundenlanges Anstehen am Eingang zu vermeiden. Das gilt im Übrigen auch für sämtliche zu besichtigende Gaudi Gebäude im Stadtteil Eixample.

Nach einem ausgiebigen Besuch der Kirche und des Museu Gaudi, welches sich unter dem Querschiff befindet, sind wir noch ganz benommen von den Eindrücken. Auch die Kinder sind beeindruckt von der Architektur und all den Details. Vor allem die Säulen im Inneren, die an Bäume erinnern sollen, und die vielen bunten Fenster haben es ihnen angetan. Während des Spaziergangs in Richtung Straße "Avinguda Diagonal" tauschen wir uns zum gerade Gesehenen aus und unterhalten uns sehr angeregt. Dabei bemerken wir kaum, wie schnell wir angekommen sind und beschließen, uns zunächst im südlichen Teil von Eixample in die nächstgelegene Tapasbar zu setzen.

Eixample - dieser Stadtteil besteht aus quadratischen Häuserblocks und grenzt u.a. an die Altstadt. Das lässt sich sehr gut beim Anflug auf den Flughafens aus östlicher Richtung aus der Luft erkennen. Die diagonal ausgerichtete Straße "Avinguda Diagonal" zieht sich einmal quer durch den Stadtteil und zerschneidet mit ihren 11 km Länge sozusagen dieses Schachbrettmuster. Wir gingen also von der Sagrada Familia in südlicher Richtung bis zur Avinguda Diagonal und dann in westliche Richtung bis zur Passeig de Gràcia, einer Straße in Nord-Süd-Ausrichtung. Hier befinden sich die beiden bekannten Häuser Antoni Gaudis, die Casa Milà und die Casa Batlló. Diese Gegend schauen wir uns nach dem Mittagessen, welches wir in einer der Seitenstraßen der Passeig de Gràcia genießen, genauer an. Die Kinder möchten unbedingt zur Casa Batlló, dem "Maskenhaus", wie sie es nennen, da die Balkone in ihren Augen wie Masken aussehen. Die Einheimischen nennen es "Haus der Knochen" aufgrund der skelettartigen Symbole. Die Balkone sollen nämlich Totenköpfe darstellen.

Wir spazieren die Passeig de Gràcia zwischen Avinguda Diagonal und Plaça de Catalunya entlang und im Anschluss den Abschnitt noch einmal in Ost-West-Ausrichtung zwischen den Straßen Rambla de Catalunya und Carrer del Bruc. Dabei geht es immer die einzelnen kleinen Querstraßen hin und her. Unsere Blicke wandern die Häuserfassaden ab. Die allermeisten Häuser sind aus dem frühen 20. Jahrhundert. Sie sind verziert mit wunderschönen Details, an den Türen und Fenstern, an Balkonen und Dächern. Der Spaziergang führt uns am Ende wieder zum Plaça de Catalunya.

Das Maskenhaus, die Casa Batlló, haben wir nur von außen bestaunt. Wir hatten vorab keine Eintrittskarten gebucht, da schwer einzuschätzen war, wann genau wir am Haus sein werden. Die Warteschlange erschien uns zu lang zum Anstellen. Die Kinder waren mit der Ansicht von außen trotzdem zufrieden. Bei einem nächsten Besuch von Barcelona werden wir eine richtige Besichtigung des Gebäudes einplanen und Tickets im Voraus buchen.

Von der Plaça de Catalunya gehen wir die Rambla in südliche Richtung, um einen kurzen Halt im Hotel einzulegen, bis es zum Abendessen ins Fischerviertel geht.

Sagrada Familia

Casa Batlló

Casa Milà

Häuser im Stadtviertel Eixample

# Tag 4 - Spaziergang durch die Altstadt

Am heutigen Tag bleiben wir in der Umgebung des Hotels, im Stadtteil Altstadt. Oftmals wird die Altstadt mit dem Bereich "Barri Gòtic" gleichgesetzt, aber es gehören auch die Viertel El Raval, La Ribera, Port Vell und Barceloneta dazu. In der Altstadt, vorwiegend in Barri Gòtic und La Ribera, tummeln sich die Touristen, denn hier befinden sich die Flaniermeile La Rambla, Museen und viele Sehenswürdigkeiten. Das Stadtviertel Barceloneta grenzt im Süden direkt an das Mittelmeer und seine Stadtstrände sind bei Einheimischen und Reisenden äußerst beliebt.

Direkt nach dem Frühstück ziehen wir los. Bis etwa 11 Uhr schlummert die Stadt, so dass noch nicht zu viele Menschen in den Straßen unterwegs sind. Das wollen wir ausnutzen um fotografieren zu können, ohne fremde Menschen im Bild zu haben. Wir spazieren planlos durch die Gegend. Im Gegensatz zu Eixample mit seinem karierten Wegenetz, besteht die Altstadt aus schmalen, verwinkelten Straßen. Barri Gòtic ist der älteste Teil Barcelonas mit Bauten aus dem 14. und 15. Jahrhundert. Die Gassen sind manchmal gerade breit genug, dass zwei Menschen nebeneinander gehen können. Im Sommer bietet diese Bauweise viel Schatten und somit Abkühlung.

Für diesen Stadtteil ist es empfehlenswert, einen Stadtplan dabei zu haben. Das hilft, um nicht ganz die Orientierung zu verlieren. Wir haben am vorherigen Abend noch einmal den Reiseführer zur Hand genommen und geschaut, welche Gebäude und Sehenswürdigkeiten wir anschauen möchten. Die Kinder möchten auf jeden Fall "Palau de la Música Catalana" sehen sowie in den Park "Parc de la Ciutadella" mit seinem großen Springbrunnen gehen.

Und so machen wir uns auf den Weg. Wir nehmen die kleinen Gassen und stehen plötzlich vor der imposanten Kathedrale. Weiter geht es Richtung Norden über den Beatles Platz bis zum Palast "Palau de la Música Catalana", welcher so früh am Tag leider noch nicht für Besucher geöffnet ist. Wir gehen mehrmals am Haus entlang und bewundern die Architektur. Das Gebäude ist wunderschön. Wir packen die Besichtigung als ein Muss auf unsere imaginäre to-do-Liste für den nächsten Barcelona Besuch. Sollte später am Tag noch Zeit sein, gehen wir noch einmal hin und versuchen unser Glück eines Spontanbesuches. Unser Zick Zack Kurs führt uns zum Triumphbogen. Dann ist der Park nicht weit. Wir verbringen gefühlt mehrere Stunden am Springbrunnen, der eine magische Anziehungskraft auf unsere jüngere Tochter ausübt. Die Parkanlage ist zauberhaft. Sogar jetzt, am Neujahrstag, blüht es überall. Die Vögel zwitschern. Ruderboote können ausgeliehen werden, um auf den kleinen Seen im Park zu rudern. Was für eine Oase mitten in der trubeligen Stadt.

Der Park grenzt südlich am Viertel Barceloneta und westlich an La Ribera. Die Kinder haben Hunger, so dass wir beschließen, zurück in das Gassenwirrwarr zu gehen. Irgendwo mitten in La Ribera lassen wir uns vor einem Restaurant nieder und essen, ja richtig, mal wieder Tapas. Nach dem Essen schlendern wir zum Columbus Monument und gehen weiter in Richtung Port Vell (Alter Hafen). Ein breiter Fußweg lädt zum Flanieren ein. Er führt bis zum künstlich angelegten Hafen. Ursprünglich wollten wir in das dort befindliche Aquarium gehen, welches eines der größten Europas ist. In diesem Ozeaneum führt ein verglaster Unterwassertunnel durch die Anlage. Der Anblick der Unterwasserwelt muss ein wahres Erlebnis sein. Aufgrund des warmen, sonnigen Wetters entscheiden wir uns aber, auch den Nachmittag im Freien zu verbringen.

Der Weg führt uns von Port Vell nach Barceloneta. Dieser Teil der Stadt war in der Vergangenheit das Fischerviertel von Barcelona. Davon ist nicht viel übrig geblieben. Im Hafen liegen Yachten und die Restaurants sehen exklusiv aus. Was blieb, sind die kleinen Lokale in den Nebenstraßen, die Fisch und Meeresfrüchte anbieten.

Musik ertönt von der Passeig Joan de Borbó. Eine Band hat eine improvisierte Bühne aufgebaut und spielt spanische Musik im Stil der Gipsy Kings. Wir setzen uns auf die Treppenstufen und lauschen der Musik. Sie spielen wundervoll. Unsere jüngere Tochter tanzt und schwebt im siebten Musikhimmel. Als die Band ihr Konzert beendet hat, gehen wir weiter bis zur Strandpromenade. Tausende Sonnenanbeter spazieren die Promenade entlang und liegen am Strand. Die Cafés sind gut besucht. Obwohl es Winter ist, kommt richtiges Sommergefühl auf. Wir lassen uns treiben, gehen bis zum W Barcelona, einem Hotel, und wieder zurück bis zum Strandabschnitt am Plaça de Brugada. In einem Café in der Nähe kaufen wir Eis und Getränke, lassen uns dann am Strand nieder bis die Sonne untergeht und am Horizont die Farben spielen lässt. Der Sonnenuntergang erfolgt nicht direkt am Wasser, da es ein Südstrand ist, aber schön anzuschauen ist das Lichtspiel trotzdem. Wir raffen uns auf und essen in einem der kleinen Lokale in Barceloneta, nein keine Tapas, sondern Fischgerichte.

Skulptur in der Altstadt

Street Art in der Altstadt von Barcelona

Palau de la Música Catalana

Plaça Reial

Port Vell

Parc de la Ciutadella

## Tag 5 - Strandbesuch & Abreise

Der letzte Tag in Barcelona beginnt wie die anderen Tage auch mit einem ausgiebigen Frühstück im Hotel. Da wir zur Mittagszeit zum Flughafen aufbrechen müssen, steht uns noch der Vormittag zur Verfügung. Wir möchten nur ein wenig spazieren gehen und uns an der frischen Luft aufhalten, bevor wir den Rest des Tages im Flughafengebäude und Flugzeug verbringen werden. Das Hotel erlaubt spätes Auschecken, so dass wir nur die Koffer packen, aber diese im Zimmer stehen lassen.

Wir gehen zur Rambla und diese gen Norden. Unser Ziel sind die Markthallen am Plaça de Sant Josep angrenzend an die Rambla. Dieser Markt - Mercat de la Boqueria – auch Mercat de Sant Josep oder verkürzt La Boqueria genannt - muss einfach besucht werden. Der Geruch des frischen Obstes und der Gewürze zieht einen wie Magnete in die Hallen hinein. Es gibt alles - Gemüse, Obst, frisch gepresste Säfte, Gewürze, Fleisch, Süßigkeiten, Nüsse und Fisch. Gleich morgens ist es noch nicht so voll. Ab mittags sind hier viele Menschen. Am Ende der Hallen befinden sich Cafés. Da hier fast ausschließlich Touristen unterwegs sind, ist alles teurer als auf Märkten außerhalb der Altstadt, aber ein Besuch lohnt allemal. Sonntags ist der Markt geschlossen und samstags werden die Stände bereits um 14 Uhr geleert.

Nach dem Marktbesuch gehen wir auf direktem Wege zum Strand. Die Sonne scheint und so früh am Tage ist der Strand auch noch nicht überfüllt. Wir genießen die Wärme im Gesicht und den feinen Sand an den Füßen. Keiner von uns möchte so wirklich nach Hamburg fliegen. Dort herrscht Schietwetter mit Regen und niedrigen Temperaturen. Wir motivieren uns dann doch irgendwie, gehen zurück zum Hotel, checken aus und nehmen das Taxi zum Flughafen. Es ist ruhig auf den Straßen und so sind wir eine Viertel Stunde später bereits am Terminal.

Am Stadtstrand von Barcelona

Stadtstrand von Barcelona mit dem W Barcelona im Hintergrund

Sonnenuntergang über Port Vell

# Tipps und Schlusswort

Persönlich finde ich es immer etwas schwierig Empfehlungen auszusprechen, da unsere Ansprüche und Vorstellungen sehr individuell sind. Daher möchte ich darauf hinweisen, dass die folgenden Tipps keine Allgemeingültigkeit haben, sondern auf unsere Erfahrungen und Kenntnisse beruhen.

Die Tipps beziehen sich auf Übernachtung und Restaurants.

Im Kapitel Einleitung - Reiseplanung erwähnte ich bereits, dass wir ein Familienzimmer im Hotel Gaudi direkt im Zentrum von Barcelona buchen. Das war aber nicht immer der Fall. Wir waren bisher mehrmals zum Jahreswechsels in Barcelona. Während unseres ersten Aufenthaltes haben wir allerdings außerhalb der Stadt übernachtet. Die Kinder waren noch im Kinderkrippen- und Kindergartenalter und da wir selbst bis dahin auch noch nicht in Barcelona waren, wollten wir nicht direkt ins Getümmel stürzen und mehrere Tage in der Innenstadt verbringen. Unsere Wahl fiel auf eine Ferienwohnung in einem kleinen Wohnkomplex in der Stadt Sitges, welche direkt an der Costa del Garraf am Mittelmeer liegt. Für unsere erste Reise war es ein idealer Ausgangspunkt um Barcelona kennen zu lernen. Von Sitges aus fahren täglich Züge ins ca. 35 km entfernte Barcelona. Die Komplettrunde des Hop On Hop Off Buses gab uns einen ersten Eindruck von der Stadt. Wir haben uns direkt in diese Mischung aus maritimem Flair und südländischer Lebensfreude verliebt und beschlossen, in den Folgebesuchen direkt in Barcelona zu übernachten, um die Stadt intensiver entdecken zu können. Mittlerweile würden wir auch wieder in Sitges nächtigen, denn uns gefiel es sehr in der kleinen, quirligen Stadt mit den vielen Strandabschnitten und gemütlichen Lokalen.

Apropos Lokale. Unsere drei Favoriten in Barcelona auf der letzten Reise zum Jahreswechsel 2021 / 2022 waren: Güell Tapas Barcelona, green·co Barcelona, Bar Mono Barcelona. Alle drei befinden sich in der Altstadt im Viertel Barri Gòtic unweit der La Rambla.

Das Güell Tapas Barcelona liegt in der gleichen Straße wie das Hotel Gaudi, Carrer Nou de la Rambla, und ist täglich von 7.30 bis Mitternacht geöffnet. Hier gibt es nicht nur Tapas, sondern eine abwechslungsreiche Speisekarte bietet auch andere mediterrane Gerichte. Das Personal ist sehr freundlich. Sonderwünsche, gerade für die Kinder, werden gerne erfüllt.

Direkt auf dem Platz Plaça Reial am nördlichen Ende befindet sich das green·co Barcelona. In großen Lettern ist zu lesen "Healthy Food Restaurant". Da wird nicht zu viel versprochen, denn aus lokalen Bio-Produkten werden sehr leckere Gerichte gezaubert. Es ist kein Frühstückslokal, aber dafür von 11 bis nach Mitternacht geöffnet. Der Platz lädt zum Verweilen ein, da bleibt man abends gerne auf einen weiteren Drink im Außenbereich sitzen.

Etwas versteckt inmitten des Viertels am Plaça de Sant Josep Oriol ist unsere Neuentdeckung der letzten Reise, Bar Mono Barcelona. Uns hat die Atmosphäre unheimlich gut gefallen. Das Essen klingt auf der Speisekarte relativ einfach, ist es irgendwie auch, aber die Gerichte haben alle ein gewisses Etwas. Sie sind raffiniert angerichtet. Das Auge ist hier wirklich mit. Die Cocktails sind sehr köstlich. Die Bedienung ist auch in diesem Lokal sehr freundlich.

Viele Tipps und Empfehlungen sind natürlich im Internet und in den sozialen Medien zu finden. Auf Instagram folge ich zum Beispiel dem Profil visitbarcelona. Hier werden viele Hinweise zu Veranstaltungen, zur Gastronomie und Ausflugsmöglichkeiten gegeben. Als Reiseführer empfehle ich DK Barcelona & Catalonia, da dieser sehr übersichtlich ist und einen sehr guten Stadtplan enthält.

Ich bin weder Influencer noch Weltenbummler und daher nicht beeinflusst von Geschenken und Angeboten. Meine Hinweise, Beschreibungen und Erfahrungsberichte sind als Anregungen für Barcelona Interessierte gedacht, gerade für Reisende mit Kindern. Es gibt viel zu sehen und zu erleben in dieser schönen Stadt. Mein Ratschlag ist, sich nicht zu viel für die einzelnen Tage vorzunehmen, immer wieder Pausen in Parks oder am Strand einzulegen, vor allem in der Sommerzeit, denn es ist in den Sommermonaten sehr warm. Die Gassen der Altstadt und die Parkanlagen bieten Schatten und Abkühlung. Frühzeitiges Buchen einer Übernachtungsmöglichkeit ist sehr ratsam. Zum Einen besteht dann eine große Auswahl und zum Anderen gibt es bei Buchung direkt im Hotel Frühbucherrabatte. Da die Warteschlangen an sehr beliebten Sehenswürdigkeiten gewöhnlicherweise sehr lang sind, empfehle ich das Buchen von Eintrittskarten im Voraus, da dann das Anstehen entfällt.

Das war mein Einblick in unsere Aufenthalte in Barcelona. Wir haben diese lebendige Stadt vom ersten Besuch an in unsere Herzen geschlossen. Barcelona - architektonisch, kulinarisch und kulturell - absolut eine Reise wert. Oder auch mehrere Reisen.

Sitges

Klassische spanische Tapas

Speisen im green·co
Barcelona

Speisen in der Bar Mono Barcelona

# Highlights

Sehenswertes in den zentralen Stadtvierteln

In den einzelnen Kapiteln erwähne ich die verschiedenen Sehenswürdigkeiten in Textform. Die Auflistung hier in den Highlights soll eine Zusammenfassung über das Sehenswerte der Stadtviertel Montjuïc, Eixample und Altstadt darstellen. Diese Übersicht ist weit entfernt von Vollständigkeit, sondern gibt unsere persönlichen Highlights der Stadt wieder.

*Montjuïc*

Festung Montjuïc
Olympiastadion
Botanischer Garten
Archäologisches Museum
Nationales Kunstmuseum Kataloniens
Poble Espanyol
Springbrunnen "Font Màgica de Montjuïc"

*Eixample*

Sagrada Familia
Casa Batlló
Casa Milà (La Pedrera)
Museo del Modernismo de Barcelona
Klinikkomplex "Recinto Modernista de Sant Pau"

*Altstadt*

Triumphbogen und Parc de la Ciutadella
Kathedrale
La Rambla
Palau de la Música Catalana
Port Vell und Aquarium
Stadtstrände in La Barceloneta

# Danksagung

Schön, dass Du bis hierher gelesen hast. Herzlichen Dank! Es freut mich wirklich sehr. Ich hoffe, meine Reisebeschreibung regt zum Erkunden von Barcelona an und hilft vielleicht ein wenig bei der Reiseplanung.

Ich selbst bin dem Autor Carlos Ruiz Zafón dankbar, dass er das Buch "Der Schatten des Windes" schrieb. Diesen Roman las ich genau vor unserer ersten Reise nach Barcelona und war fasziniert von den Beschreibungen Barcelonas. Viele Straßen und Gebäude finden Erwähnung und beim ersten Spaziergang durch die Gassen von Barri Gòtic fühlte ich mich fast zurückversetzt in die Zeit der Handlung seines Romans.

Meiner Familie danke ich für ihre Ermunterung, dieses Buch zu realisieren. Nachdem sowohl mein Buch über unsere Reise ins finnische Lappland als auch das über die südschwedische Region Halland so gut bei Lesern ankam, motivierten mich mein Mann und unsere Kinder, über Barcelona zu schreiben, um Familien und Interessierte die Stadt schmackhaft zu machen. Danke also für die Hartnäckigkeit.

Ein großes Dankeschön geht vor allem an Dich und alle anderen Leser und Leserinnen!

Herzlichen Dank!

Kath